AF296403

MUSÉE
DRAMATIQUE.

RECUEIL DE PIÉCÉS NOUVELLES

REPRÉSENTÉES SUR LES THÉATRES DE PARIS,

Ornées chacune d'une fort jolie vignette, et paraissant par livraisons
à 20 centimes.

111me Livraison

ANACRÉON,

VAUDEVILLE EN UN ACTE.

PRIX : 20 CENTIMES.

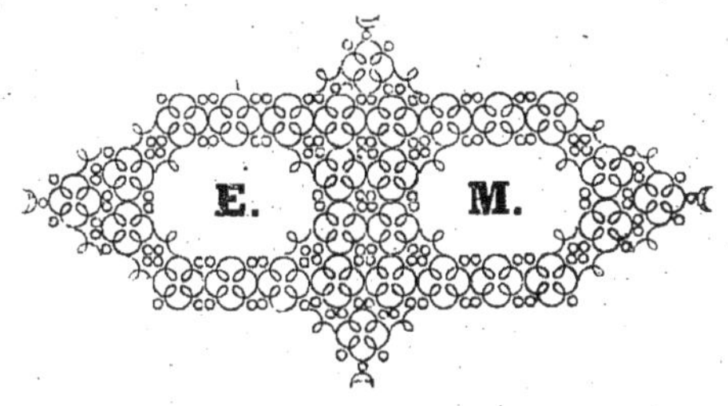

E. MICHAUD, ÉDITEUR, RUE D'ENFER, 66.
DÉPOT CENTRAL,
RUE SAINT-DENIS, N° 309, AU PREMIER,
Vis-à-vis la rue du Ponceau.

PILOUT, rue de la Monnaie, 22.	BARBA, Palais-Royal, gal. de Chartres.
L. MICHEL, rue Marie-Stuart, 6.	LAVIGNE, passage de Lancre.
MENORET, rue de Bondy;	PAUL, galerie de l'Odéon, 12.
DUTERTRE, passage Bourg-l'Abbé.	LELIÈVRE, faubourg St-Martin.
HOVYN, galeries du Commerce.	MORAIN, faub. St-Martin, 43.
AISNÉ, galerie Véro-Dodat.	POURREAU, rue de la Harpe, 82.

1838.

ANACRÉON,
OU
ENFANT CHÉRI DES DAMES,

COMÉDIE EN UN ACTE, MÊLÉE DE COUPLETS,

Par MM. Dupeuty et Frédéric de Courcy,

Représentée, pour la première fois, à Paris, sur le théâtre des Folies-Dramatiques,
le 1er septembre 1838.

PERSONNAGES.		ACTEURS.
ANACRÉON, ancien coiffeur de dames.	MM.	CHARLES POTIER.
HECTOR, maître clerc de notaire.		MASQUILLIER.
M. BATAILLARD, chef de bureau à la guerre.		PATONELLE.
ISIDORE, groom d'Anacréon.		BELMONT.
Me BLONDEL, avocat.		ANATOLE.
EMMA, pupille de Bataillard.	Mmes	ADÈLE-AMANT.
LISA, blanchisseuse de fin.		LAGRANGE.
TROIS GRISETTES, TROIS CLERCS DE NOTAIRE.		

La scène est à Paris chez Anacréon.

Un petit salon meublé dans le goût le plus moderne et orné de portraits de femmes. L'entrée au fond; deux portes latérales, et une fenêtre. Un divan, un guéridon, un porte-pipes.

SCÈNE I.

ISIDORE, seul, habillé comme un groom, culotte de panne, gilet rouge, etc. il est endormi sur un fauteuil, et s'éveille en étendant les bras; il fait petit jour; deux bougies achèvent de brûler sur le guéridon.

Comme c'est amusant d'être le domestique d'un homme à femmes! (Il regarde à la pendule.) Sept heures du matin, et mon maître, M. Anacréon, n'est pas encore rentré... pourvu qu'il ne se soit pas fait donner une horrible volée par quelque mari jaloux... car il a du malheur avec les maris! (Il souffle les bougies, on entend marcher.) Ah! le voilà, enfin! (Il va ouvrir.) Non, ce n'est pas lui, c'est tous ces messieurs de l'étude du premier... qu'est-ce qu'ils viennent faire si matin chez nous, ces méchans clercs de notaire?

SCÈNE II.

ISIDORE, HECTOR, Trois Clercs, entrant étourdiment.

TOUS.

Bonjour, Isidore.

HECTOR.

Bonjour, farceur d'Isidore.   (Il lui frappe sur le ventre.)

ISIDORE.

M. Hector, laissez-moi donc tranquille.

HECTOR.

C'est vrai, messieurs... respect au groom, au nègre blanc de mon ami Anacréon! (A Isidor.) Ton imbécile de maître est-il sorti?

ISIDORE.

D'abord, mon maître n'est pas un imbécile... ensuite, mon maître n'est pas sorti ce matin, vu qu'il n'est pas rentré hier soir... vous devez savoir que ça lui arrive souvent.

HECTOR.

Oui, oui, c'est un séducteur, toutes les femmes courent après lui. (A lui-même.) A ce qu'il dit.

PREMIER CLERC.

Ah ça! pour avoir tant de bonnes fortunes, c'est donc un duc, un marquis, un agent de change?

HECTOR.

C'est un ancien coiffeur, qui a fait fortune en peu de temps, avec le fer à papillote, et qui s'est retiré des affaires, pour étaler dans la capitale le luxe et les manières de nos plus aimables dandys...

LES CLERCS.

Un ancien coiffeur?

HECTOR.

Coiffeur de dames... je crois même que c'est là l'origine de son penchant pour le beau sexe.

Air : Vaud. des Maris ont tort.

> Auxiliaire des coquettes,
> Il vient réclamer leurs faveurs ;
> Long-temps, il gouverna leurs têtes,
> Il veut régner maintenant sur leurs cœurs,
> Plus que jamais c'est le roi des coiffeurs !
> Seulement, ce héros des dames
> Procède autrement que jadis :
> Après avoir coiffé les femmes,
> Il travaille pour les maris.

PREMIER CLERC.

Possible, mais qu'il se contente de ses aventures du grand monde; s'il s'avise encore de faire le télégraphe avec nos petites blanchisseuses d'en face, ou de leur écrire des bêtises... il aura affaire à elles... et à nous!

ISIDORE.

Il vous craint bien!

HECTOR, aux clercs.

Dites donc, messieurs, pas de farces... j'ai besoin de lui, pour le moment. (A Isidore.) Allons, puisqu'il ne revient pas, je remonterai plus tard, car j'ai absolument besoin de lui parler... Adieu, bel Isidore.

(Il lui frappe sur le ventre.)

ISIDORE.

Vous allez me donner un point de côté.

LES CLERCS, le taquinant.

Ah! ah! Isidore!

PREMIER CLERC.

Tu dois être las d'avoir passé la nuit sur tes jambes... donnez-vous donc la peine de vous asseoir.   (Il lui donne un croc en jambe et le jette à terre.)

ISIDORE.

Connu! connu!

HECTOR et LES CLERCS.

Air : Compte ici sur mon zèle. (Avant la noce.)

Allons, vite, à l'étude,
Retournons,
Et, suivant l'habitude,
Griffonnons.   (Ils sortent en riant et en courant.)

SCÈNE III.

ISIDORE , seul. Il se lève.

C'est joli! c'est spirituel... quelles mœurs !... et dire que ça fera un jour d'excellens pères de famille... (Il prête l'oreille.) Ah! cette fois, c'est bien monsieur qui monte l'escalier, je le reconnais au bruit de ses éperons... (A la porte qu'il vient d'ouvrir.) Quelle mine il a! comme ça l'arrange, de passer les nuits dehors!

SCÈNE IV.

ISIDORE , ANACRÉON. (Il entre pâle et défait, et se jette sur le divan.)

ANACRÉON.

Ah! je suis un grand malheureux! je suis perclus... Isidore, est-il venu des femmes?

ISIDORE.

Non, monsieur, mais vous m'avez donné bien de l'inquiétude...

ANACRÉON.

Taisez-vous, autruche! (Parlant très haut.) Est-il nécessaire que tout le monde sache dans la maison que j'ai découché?

ISIDORE.

Le portier s'en est bien aperçu.

ANACRÉON , avec un air de satisfaction.

Ah! oui, le concierge...

ISIDORE.

L'homme et la femme ont veillé jusqu'à deux heures de la nuit pour vous attendre... ils ont brûlé une demi-livre de chandelles.

ANACRÉON.

C'est bon, je leur donnerai une provision d'allumettes chimiques.

ISIDORE.

Vous devriez au moins prévenir.

ANACRÉON.

Est-ce que je peux prévoir les chapitres de roman? Allons, groom, donnez-moi ma robe de chambre chinoise... et la plus riche de mes casquettes.

(Pendant ce qui suit, Isidore lui apporte une haute casquette en soie amarante, le débarrasse de son habit, et lui passe sa robe de chambre.)

ISIDORE.

Comme votre habit est sale!

ANACRÉON.

Il y a du duvet, n'est-ce pas?

ISIDORE.

On dirait que c'est de la paille...

ANACRÉON.

C'est ça, c'est du duvet... j'aurais cru qu'une de ces dames serait venue me relancer ce matin...

ISIDORE.

Au fait, c'est drôle... vous qui en avez tant, il n'en vient jamais.

ANACRÉON.

Ah! je suis un homme terrible!

ISIDORE.

Monsieur est si bien... surtout avec sa casquette!

ANACRÉON.

J'avoue que je ne suis point un Mayeux, et que les femmes me dévorent des yeux, quand, le soir, sur le boulevart de Gand, je fume mon cigare monstre...

ISIDORE.

Ça vous amuse donc de fumer?

ANACRÉON, montrant son porte-pipe.

A te dire vrai, je trouve ça dégoûtant... mais que veux-tu? c'est une malpropreté à la mode... Paris est un véritable estaminet, la France, une énorme tabagie...

Air : Vaud. du Dîner de garçons.

Le siècle est devenu fumeur,
Siècle de tabac et de drames...
Et le cigare est de rigueur,
Surtout quand on est près des dames.
Aussi, moi, d'un dandysme inné,
Pour satisfaire aux exigences,
Par bon ton, je leur fume au né...
Dans le monde, un homme bien né,
Doit respecter les convenances.

Et là-dessus, je vais me coucher.

ISIDORE.

Mais, monsieur, vous ne pouvez pas, c'est aujourd'hui que se juge finalement votre procès, avec ce mari... contrarié...

ANACRÉON, souriant.

Ah! oui, le mari de la petite Delamarre... je n'y pensais plus, moi, à mon petit procès scandaleux... ah ben! il se jugera tout seul; ça regarde maître Blondel, mon avocat. (Il passe la main sur son front et dans ses cheveux.) J'ai les nerfs agacés... Ainsi, il n'est venu personne?

ISIDORE.

Il n'est venu que les gamins de l'étude d'en bas, et le maître clerc, M. Hector, votre ami... ils prétendent que vous faites le télégraphe avec les grisettes d'en haut.

ANACRÉON.

Quelle folie! j'ai distingué une de ces petites, et je lui ai jeté ces quelques lignes : « Blanchisseuse de fin, si vous êtes sensible...à une côtelette » et à une bouteille de Champagne, donnez-vous la peine de venir un de » ces jours gratter à ma porte... et pour suscription : A la plus belle des » quatre blanchisseuses du cinquième. »

ISIDORE.

En faites-vous de ces conquêtes!

ANACRÉON, souriant.

Ce n'est pas pour rien qu'on m'a surnommé l'homme très joli!

Air de l'Homme très joli. (Plantade.)

Je suis l'enfant chéri des dames,
En un mot, je suis homme à femmes,
Mais on m'accuse, en vérité,
Bien à tort, de fatuité.
Croirais-tu qu'on va jusqu'à dire
Que, pour charmer et pour séduire,
Tout bonnement j'ai fait exprès
D'avoir des graces, des attraits...

C'est stupide, parole d'honneur! comme si j'avais demandé à naître avec le physique que tu vois!

C'n'est pas ma faut' si j' suis aimable,
C'est la nature qu'est coupable.

Par mon esprit et mon visage,
Malgré moi, je fais du ravage,
Aussi le monde, trop souvent,
Me juge bien légèrement.
Qu'une femme, à qui j'ai su plaire,
Pour moi, se jette à la rivière,
Se périsse par le poison,
Par la fenêtre ou le charbon...

Tout de suite, on crie : Au meurtre ! à l'assassin !.. au Richard d'Arlington !.. Mais, messieurs, il faut être justes...

> C' n'est pas ma faut', si j' suis aimable,
> La nature seule est coupable !

ISIDORE.

Je vas faire votre couverture...

ANACRÉON.

Oui, oui, prépare mes édredons... car, après tout, on n'est pas de fer.

(Isidore sort.)

SCENE V.

ANACRÉON, seul.

A présent que je suis face à face avec moi-même... comme hier, dans ce cabinet particulier, où j'avais demandé deux couverts, pour faire croire que j'attendais quelqu'un... je puis m'avouer toutes mes vérités... on me croira si on veut ; depuis que je cours après les femmes, je jure sur l'honneur que je n'ai pas encore pu en attraper une seule... Mais je m'arrange de manière à faire croire bien des choses... et ça me suffit. (Prenant une tabatière sur le guéridon.) Exemple : cette ravissante miniature de femme, que j'ai fait copier au Musée... (Frappant sur sa boîte.) Quand on la voit sur le couvercle de ma tabatière... — Ah ! ah ! il paraît que monsieur en use ? — Mais non, mais non... — Ça me suffit... Cette nuit dernière, je l'ai passée à la belle étoile... et à la préfecture... Mais on dit dans la maison : — Vous ne savez pas ? M. Anacréon a découché. — Bah ! alors il paraîtrait... — Ça me suffit. A l'égard de la petite Delamarre, avec le mari de laquelle j'ai une affaire d'honneur devant les tribunaux, je suis innocent comme l'enfant qui vient de naître... mais Dieu merci, toutes les preuves sont contre moi... (Se frottant les mains.) On en parlera dans la Gazette des Tribunaux, et ça me suffit... Ah ça ! n'oublions pas ma correspondance amoureuse... je trouve délirant de m'écrire moi-même les lettres les plus tendres... et de me les mettre à la poste... ça me coûte trois sous pièce... mais ça me suffit... il faudra aussi que je me fasse des petits cadeaux... des bretelles brodées, des pantoufles... je m'en achèterai au Panorama... et je me les enverrai par un commissionnaire, ça ne fera pas mal non plus... Voyons, en attendant, qu'est-ce que je pourrais bien m'écrire aujourd'hui ? (Il s'assied devant le guéridon.) J'ai envie de me répondre quelque chose... (Il écrit.) « Enfant, tu commences à peine la vie, et tu veux aimer, » aimer d'amour !.. (Parlant.) Il n'y a que les femmes pour écrire comme ça... (Ecrivant.) « Enfer ! damnation !.. (Parlant.) Des points... (Ecrivant.) « J'ai « été maudite... (Parlant.) Encore des points... (Ecrivant.) « Et je serai chez « vous à deux heures... si j'étais surprise, je me cacherais dans votre « boudoir que je connais si bien.., » (Parlant.) Signé... signé... il faudrait un joli petit nom... (Il cherche.) Joséphine ? non, Amélie ? non, Charlotte ? c'est trop commun...   (Il cherche toujours le nez en l'air.)

SCENE VI.

ISIDORE, ANACRÉON.

ISIDORE.

Monsieur est servi... la couverture est faite.

ANACRÉON, avec humeur.

C'est bon... (Il écrit.) Signé... Angéla... ah ! c'est gentil, Angéla...

ISIDORE.

Monsieur veut-il qu'on bassine son lit ?

ANACRÉON.

Non.

ISIDORE.

Avec du sucre ?

ANACRÉON, impatienté.

Non ! (A lui-même.) Maintenant, l'adresse : (Ecrivant.) « A monsieur, » monsieur Anacréon, 4 bis, rue Miromesnil... très pressée, et pour lui » seul. » (Il se lève et se regarde dans la glace.) Je suis vert, je suis blafard... il faudra que je me décide à mettre du rouge... Isidore ?

ISIDORE.

Monsieur?

ANACRÉON.

Je n'y suis pour personne... entends-tu? surtout pour les femmes...
(On entend la voix de Lisa en dehors.)

ISIDORE.

Justement, je crois qu'en voilà une...   (Il va à la porte.)

ANACRÉON.

Que veux-tu que j'y fasse? elles sont indignes! allons, va-t-en. (Il lui donne la lettre.) Ah! tiens, toi qui ne sais pas lire... cette lettre dans la boîte...

ISIDORE.

Monsieur, c'est mademoiselle Lisa, votre blanchisseuse.

ANACRÉON, tournant la tête.

Ne me dis pas laquelle...   (Il s'assied sur le divan. Isidore sort.)

SCENE VII.

ANACRÉON, LISA.

ANACRÉON, se caressant le menton.

Ah! c'est toi, petite? dis-moi donc, espiègle, il me semble que tu viens souvent, sous prétexte que nous sommes voisins... c'est un peu familier...

LISA.

Dam! c'est votre faute, aussi... pourquoi ne me payez-vous pas? c'est pas l'argent qui vous manque.

ANACRÉON.

Est-ce que je pense à ces bibus!

LISA.

On dirait que vous le faites exprès, pour me forcer de monter chez vous.

ANACRÉON.

Bah! tu crois qu'on l'a remarqué, friponne?

LISA.

Fripon, vous même... C'est égal, faut que ça finisse.

Air : Vaud. de Lantara.

Mon futur est très sévère,
Et ça devient ennuyant;
Avec ça que la portière,
Est bien madame Cancan...
ANACRÉON, avec satisfaction.
Au fait, c'est vrai, tu t'exposes...
LISA.
Savez-vous que l'on pourrait
Croire de vilaines choses,
Si vous n'étiez pas si laid.

ANACRÉON.

Tu dis?

LISA.

Je dis que vous me faites arpenter les escaliers plus souvent qu'à mon tour.

ANACRÉON.

Allons, ne te fâche pas, je vais te payer. (Il prend son mémoire.) Dis-moi donc? (Se rapprochant d'elle.) Est-ce que tu as reçu la lettre?

LISA.

Laquelle de lettre?

ANACRÉON.

La lettre particulière, que j'ai écrite, généralement parlant, aux quatre nymphes de la mansarde!

LISA, d'un air indifférent.

Ah! oui, je crois que j'ai entendu parler de ça... mais je n'étais pas hier à l'atelier.

ANACRÉON.

A la plus belle! tu aurais pu prendre ça pour toi...

LISA.

C'est possible! mais, pour le moment, c'est de l'argent qu'il me faut.

ANACRÉON.

Puisqu'on te dit que je vais te payer...   (Hector entre.)

SCÈNE VIII.

LES MÊMES, HECTOR.

HECTOR, s'arrêtant au fond.

Si je suis trop, faut le dire...

ANACRÉON, jouant l'embarras.

Ah! c'est toi, Hector? on t'a laissé entrer... j'avais pourtant défendu ma porte.

HECTOR, souriant.

Il paraît qu'il y a des exceptions...

ANACRÉON, bas.

Mais non... mais non... je vais la mettre dehors... elle m'obsède...

HECTOR, à part.

Ah ça! est-ce que, décidément, il serait en bonne fortune?

LISA, à part.

Qu'est-ce donc qu'ils chuchottent là tous deux, en me regardant...

ANACRÉON, donnant de l'argent à Lisa.

Tenez, Lisa, j'espère que voilà de quoi vous acheter des petits bonnets, et même une mantille...

LISA.

Je m'achèterai ce qui me fera plaisir, ça ne regarde personne...

(Elle compte son argent.)

ANACRÉON.

Tu es contente, au moins... tu ne me feras plus de scènes à présent... hein?

LISA.

Dites donc, dites donc, vous ne me donnez pas mon compte.

ANACRÉON, embarrassé.

Bien, bien...

HECTOR, à part.

Comment, son compte?

LISA.

Mais non, regardez plutôt le mémoire.

HECTOR, à part.

Le mémoire?

ANACRÉON, à part.

Oh! la petite bête!..

LISA.

D'abord, il y a six francs d'ancien.

ANACRÉON.

Oui, oui...

HECTOR, à part.

Six francs d'ancien?

LISA.

Et, de c'te fois-ci, quatre gilets de flanelle..

ANACRÉON, élevant la voix.

C'est bien!

LISA, continuant.

Trois bonnets de coton, un corset d'homme...

ANACRÉON.

C'est bien!

HECTOR, riant à part.

Je commence à comprendre...

LISA.

Et quatre paires de bas, dont deux à faux mollets...

(Hector rit toujours à part.)

ANACRÉON, tirant sa bourse.

Puisqu'on te dit que c'est bien!

LISA.

Ça nous fait donc...

ANACRÉON, lui donnant de l'argent.

Tiens, vilaine intéressée... tu ne me demanderas plus rien, maintenant. (Bas.) Et fais-toi lire ma lettre, entends-tu ?

LISA, indifféremment.

Oui, oui...

ANACRÉON.

Je ne te dis que ça.

Air : Suivons, suivons cette jeunesse. (Amant heureux.)

Allons, adieu ma créancière,
Mais surtout, tiens-toi le pour dit,
Il ne faut pas ainsi, ma chère,
Venir me prendre au saut du lit.

LISA.

Cherchez une autre blanchisseuse .
Je n'aime pas ce genre-là ,
Dieu merci ! je suis vertueuse...
(Regardant Hector.)   A la bonne heure celui-là.

ENSEMBLE.

LISA.

Je n' suis plus votre créancière,
Entre nous deux que tout soit dit,
On n' me verra pas, je l'espère,
Venir vous prendre au saut du lit.

HECTOR, à part.

Près de pareille créancière,
Je voudrais bien avoir crédit,
Et quoiqu'elle soit un peu chère,
On aurait encor du profit.

ANACRÉON.

Allons, adieu, ma créancière, etc.   (Lisa sort.)

SCÈNE IX.

LES MÊMES, excepté LISA, ensuite ISIDORE.

ANACRÉON.

C'est ma blanchisseuse.

HECTOR.

Parbleu ! je le vois bien ! elle est gentille.

ANACRÉON.

Mais oui, je te remercie, tu es bien bon.

HECTOR.

Ah ça ! est-ce que par hasard ?

ANACRÉON.

Mais non, mais non...

HECTOR.

C'est que, d'abord, on aurait pu croire...

ANACRÉON.

Quand je te dis que non... et puis ça serait, que je ne te le dirais pas ! (Il appelle.) Isidore ! (Isidore paraît. Montrant un chapeau de femme qui est sur un fauteuil.) Serrez donc ce chapeau... qu'est-ce que vous avez besoin de laisser traîner comme ça des chapeaux de femmes?

ISIDORE.

Mais, monsieur, c'est vous qui m'avez dit...

ANACRÉON.

Retirez-vous, oie !

(Isidore sort en emportant le chapeau de femme, qu'il se met sur la tête.)

HECTOR.

A propos... qu'est-ce qu'on est encore venu me conter... il paraît que la nuit dernière?..

ANACRÉON.

Oh ! chut... chut...

HECTOR.

Un gros caporal de voltigeurs t'a arrêté ?

ANACRÉON.

M'a surpris sous les fenêtres de sa belle.

HECTOR,

Et t'a fait conduire à la préfecture, où tu as couché... à la salle Saint-Martin.

ANACRÉON.

Chut... chut... ne compromettons personne... ça s'est très bien passé... on m'a mis avec les voleurs... ces aimables industriels m'ont dérobé ma montre et mon mouchoir.. ça s'est très bien passé... il y avait là une petite geôlière qui me regardait! mais je t'en prie, Hector, bouche close sur tout ceci.

HECTOR.

Oh! sois tranquille! j'ai moi-même un service à te demander... voici le fait : J'ai une maîtresse charmante!

ANACRÉON.

Tu es bien heureux de n'en avoir qu'une.

HECTOR.

Mais ce n'est pas comme toi, c'est pour le bon motif, j'épouse... ou du moins, je voudrais épouser...

ANACRÉON.

Oh! que c'est joli! je te trouve à mettre sous verre! va donc te faire encadrer! moi, je ne les épouse pas, je les lâche... Je leur dis : « Mademoiselle, voilà trois cent cinquante francs pour payer votre loyer... faites-moi le plaisir de ne plus m'adresser la parole. »

HECTOR.

Il est bon que tu saches que je ne puis me présenter chez Emma...

ANACRÉON.

Ah! nous nous appelons Emma... j'ai connu aussi une Emma, mais sois tranquille... pas la même.

HECTOR, continuant.

Il y a, de par le monde, un ami de sa famille, un tuteur, que sais-je? un nommé Bataillard...

ANACRÉON.

Bataillard! c'est un vilain nom... j'aimerais mieux m'appeler autrement.

HECTOR.

Une espèce de bête féroce, avec des moustaches, capable de tout! nous voulons nous concerter, Emma et moi, sur des moyens d'émancipation... il nous faut une entrevue, sûre... à l'abri des soupçons... et c'est pour cela que je viens t'emprunter...

ANACRÉON.

De l'argent?

HECTOR.

Non.

ANACRÉON.

Ça se trouve bien, je ne t'en aurais pas prêté.

HECTOR.

Je viens t'emprunter... ton appartement.

ANACRÉON, vivement.

Quand me le rendras-tu? ça me gênera un peu, vu que j'avais quatre rendez-vous... (A part.) Et surtout bien envie de dormir... (Haut.) Seulement, tu prieras Mlle Emma de ne pas se montrer à la fenêtre...

HECTOR.

Ah! oui, à cause des petites blanchisseuses d'en face...

ANACRÉON.

Peut-être, peut-être... (Il a ouvert la fenêtre.) Tenez, à peine si je parais... voilà déjà ces demoiselles aux carreaux... oui, oui, faites-moi des signes, je n'ai seulement pas l'air de vous voir.

HECTOR.

Ah ça! convenons bien de nos faits... j'avais compté d'avance sur ton consentement; j'ai écrit hier à Emma, et je pense qu'elle ne peut tarder à venir.

ANACRÉON.

Quand elle voudra.

HECTOR.

Je n'ai pas besoin de te recommander la discrétion.

ANACRÉON.

On sait ce que c'est.

HECTOR.

Je retourne bien vite à l'étude, pour être libre tout à l'heure, et la guetter... quant à toi, tu vas aller te promener, n'est-ce pas?

ANACRÉON, souriant.

Tu aimes autant que je m'en aille? au fait, c'est plus prudent.

HECTOR.

La personne demandera M. Anacréon.

ANACRÉON.

Bon, bon...

HECTOR.

Je lui ai fait accroire que je demeurais ici, sous ce nom de guerre...

ANACRÉON, avec fatuité.

Tu pouvais plus mal choisir ton nom de guerre... Adieu, confrère... libertin, mauvais sujet... Don Juan! Faublas! Lovelace! (Lui frappant sur l'épaule.) Tu n'en feras jamais tant que moi, va! (Il reconduit Hector.)

SCENE X.

ANACRÉON, puis ISIDORE.

ANACRÉON, appelant aussitôt qu'Hector est sorti.

Isidore!

ISIDORE, entrant.

Monsieur?

ANACRÉON.

Il va venir une dame.

ISIDORE.

Ici?

ANACRÉON.

Et où veux-tu?

ISIDORE.

Pour monsieur?

ANACRÉON.

Pour qui donc? pour toi, peut-être? homme sans mollets! fais en sorte que toutes les bonnes de la maison la voient monter... et qu'il soit bien entendu qu'elle vient chez ton jeune maître, par l'escalier dérobé... (Il indique la porte à gauche.) On sonne... va voir qui c'est. (Isidore va ouvrir au fond. A lui-même.) Si c'est elle, tant pis, je la reçois pour mon compte.

ISIDORE, revenant.

Monsieur, c'est une personne qui ne veut pas se nommer...

ANACRÉON, à lui-même.

Plus de doute! c'est la fiancée de mon ami!

ISIDORE.

Faut-il dire que vous n'y êtes pas?

ANACRÉON.

O stupidité en culotte de panne et en gilet rouge!.. éloigne-toi, idiot! (Allant à la porte.) Entrez, charmante Emma! (Isidore s'éloigne.)

SCENE XI.

ANACRÉON, BATAILLARD.

(Ce dernier a de longues moustaches et porte un œillet rouge à sa boutonnière. Il entre gravement et avec une mine rébarbative.)

ANACRÉON, à part, le reconnaissant:

Dieu! mon caporal de voltigeurs! ce n'est pas Emma!

BATAILLARD, de même.

Mon vagabond de la nuit dernière!

ANACRÉON, de même.

Figure atroce!

BATAILLARD, de même.

Tournure efféminée!

ANACRÉON, de même.

Quel mauvais vent l'amène?

BATAILLARD, haut et se plaçant vis-à-vis d'Anacréon qu'il toise, de la tête aux pieds.

Monsieur, je ne sais pas si c'est moi que vous attendiez?

ANACRÉON, tâchant de se donner de l'assurance.

J'aurais eu à sortir, que je ne m'en serais nullement gêné.

BATAILLARD, élevant la voix par degrés.

Je me nomme Bataillard.

ANACRÉON, à part.

Bataillard! le tyran de la belle Emma! pourvu qu'elle ne s'avise pas de venir, à présent! (Il regarde du côté de la porte.)

BATAILLARD.

Employé supérieur à la guerre, division de l'artillerie.

ANACRÉON.

Je ne m'étonne plus si je vois briller à votre boutonnière le noble signe de l'honneur.

BATAILLARD.

Pour le moment, ce n'est qu'un œillet rouge... (Haut et d'un ton solennel.) M. Anacréon!..

ANACRÉON, très haut aussi.

M. Bataillard! (A part.) Il me semble que j'ai entendu monter... (Il regarde du côté de la porte.)

BATAILLARD.

Il est inutile de regarder du côté de cette porte... la personne qui devait venir ici, à ma place, est sous clé, chez elle, à double tour...

ANACRÉON, à part.

Je l'aime autant... (Haut.) Eh bien! c'est convenu, je ne vous dis pas adieu... (Fausse sortie.)

BATAILLARD, le retenant.

Un moment, un moment... n'allez pas si vite. (Lui montrant un papier qu'il a tiré de sa poche.) Connaissez-vous ces pattes de mouches?

ANACRÉON, prenant le papier.

Qu'est-ce que c'est que ça? (Il lit.) « Chère Emma! (Parlant à part.) C'est l'écriture d'Hector... (Haut, continuant.) « Aujourd'hui, à midi, rue Miro- » ménil, n. 4; loin du jaloux, nous nous verrons sans bruit... au second, » au-dessus de l'entresol... vous demanderez M. Anacréon... » (A part.) Le caporal aura surpris la lettre!

BATAILLARD.

Eh bien! beau séducteur? vous êtes confondu?

ANACRÉON.

Confondu avec un autre... il y a plus d'un âne à la foire qui s'appelle Anacréon.

BATAILLARD, montrant la lettre.

Ne demeurez-vous pas rue de Miroménil, n. 4?

ANACRÉON.

Il faut bien demeurer quelque part.

BATAILLARD.

N'est-ce pas vous que j'ai trouvé cette nuit, sous les fenêtres de ma pupille, et grimpé sur une borne?.. que faisiez-vous sur ce monument?..

ANACRÉON.

Je flânais... je regardais la lune... la lune luit pour tout le monde.

BATAILLARD.

Et tout à l'heure encore, lorsque j'ai franchi le seuil de votre porte, n'a-vez-vous pas dit : Entrez, charmante Emma?

ANACRÉON.

Ah! voltigeur! je ne croyais pas votre pupille capable de se vanter d'une chose qui n'est pas.

BATAILLARD, qui a aperçu la tabatière qu'Anacréon a laissée sur le guéridon.

Vous êtes son amant, monsieur!

ANACRÉON.

Elle en a menti!

BATAILLARD, avec explosion.

Pourquoi donc alors avez-vous son portrait sur votre tabatière?

ANACRÉON, très étonné.

Son portrait! (A part.) Diable de peintre! il ne pouvait pas m'en copier un autre!

BATAILLARD.

Vous êtes un infâme! un beau-fils!

ANACRÉON.

M. Bataillard, rappelez-vous l'adage :

» Le bruit est pour le fat, la plainte est pour le sot,
» L'honnête homme trompé s'éloigne, et GARDE LE PLUS PROFOND SILENCE. »

BATAILLARD.

Allons, pédant, prenez votre chapeau et laissez là vos proverbes!

ANACRÉON, à lui-même.

Prêtez donc votre appartement aux amis!

BATAILLARD.

Sortons.

ANACRÉON.

Que je ne vous retienne pas.

BATAILLARD.

Sortons ensemble.

ANACRÉON, d'un air crâne.

Demain il fera encore jour... voici mon adresse!.. (Il lui donne une carte.)

BATAILLARD.

Quelle amère dérision!.. Nous sommes chez lui... et il me donne son adresse!.. Je ne bouge pas d'ici que je ne vous aie tué!..

ANACRÉON.

Alors, allez-vous en... j'irai vous rejoindre...

BATAILLARD.

Me rejoindre... mais où?

ANACRÉON.

Comment, mais où? eh! mais, pardieur! à deux pas d'ici, sur le terrain à vendre qui baigne le pied de cette maison.

BATAILLARD, d'un ton concentré.

Je vous conseille d'en acheter un... à perpétuité... de terrain!

ANACRÉON.

Ah! fichtre, voilà une bien mauvaise plaisanterie... elle te coûtera cher!..

BATAILLARD.

Air : Galop de la femme de l'avoué.

Eh bien! morbleu,
Sans adieu,
Au feu
Vous verrez si je bouge.

ANACRÉON.

Et moi, corbleu,
Ventrebleu,
Je méprise votre œillet rouge!

BATAILLARD, à lui-même.

Ce jeune voluptueux
N'a pas l'air bien dangereux,
Et c'est un homme mort, ou ma foi c'est tout comme...

ANACRÉON, à part.

Ce cartel fera du bruit...
On croira... (Il fait les cornes) ça me suffit...
Je puis être tué, mais ça pose un jeune homme!..

ENSEMBLE.

Allons, morbleu
Sans adieu,
Au feu
Vous verrez si je bouge!
Oui, palsambleu!
Ventrebleu!
—Je méprise votre œillet rouge!
—J'illustrerai mon œillet rouge!
(Bataillard sort; ils se font tous deux des gestes menaçans.)

SCÈNE XII.

ANACRÉON ISIDORE.

ANACRÉON, redescendant la scène.

Allons, voilà toujours une affaire d'arrangée.

ISIDORE, accourant.

Ah! monsieur! vous le savez... je n'ai pas le défaut d'écouter aux portes... mais que viens-je d'entendre!.. vous allez vous battre?..

ANACRÉON.

Il le faut bien... je n'ai pu calmer ce gros brutal, qu'en lui promettant de lui brûler la cervelle... tout n'est pas roses, avec les femmes... mon pauvre garçon!..

ISIDORE, pleurnichant.

Si j'allais avoir le malheur de vous perdre, monsieur!

ANACRÉON.

Si je succombe, Isidore... il viendra chez moi trois femmes... en deuil, sans doute, en grand deuil... à l'une tu remettras mon portrait en pied, à l'autre mon buste, et à la troisième (relevant sa casquette) cette boucle de ma chevelure.

ISIDORE, sanglotant.

Et à moi, monsieur, qu'est-ce que vous me laisserez?..

ANACRÉON.

Veux-tu aussi de mes cheveux? Isidore?

ISIDORE.

J'aimerais mieux autre chose... si ça vous est égal...

ANACRÉON.

Eh bien! je te donne et lègue la montre que m'a promise cette belle comtesse polonaise... dont je t'ai parlé...

ISIDORE.

Une montre en or?..

ANACRÉON.

Elle doit être en or.

ISIDORE.

Ça me donne des forces.

ANACRÉON.

Fidèle serviteur! (à lui-même) pourvu que ce féroce animal... si je pouvais l'intimider!.. il me faudrait pour ça un fameux témoin... (haut) Isidore?

ISIDORE.

Monsieur!

ANACRÉON.

Veux-tu être mon second?

ISIDORE.

Moi, monsieur?

ANACRÉON.

Te sens-tu le courage de ne pas caponner?

ISIDORE.

Dam'! s'il n'y a pas de danger...

ANACRÉON.

Pas l'ombre... tu verras...

ISIDORE.

Alors, je suis à vous, à la vie, à la mort.

ANACRÉON.

Tu es un brave... tu me comprends.

ISIDORE.

Mais le costume?

ANACRÉON.

C'est juste, il te faut un habit de combat... tiens, voilà dix francs, va-t'en chez Babin, et fais-toi une tête... mais une tête... à faire peur aux petits oiseaux, et à toute espèce de voltigeurs!..

ISIDORE.

Oui, monsieur.   (Fausse sortie.)

BLONDEL, en dehors.

Il est chez lui, c'est bien, c'est bien...

ANACRÉON.

Ah! ma foi, j'en suis bien fâché pour celle-là...

ISIDORE.

C'est la voix de maître Blondel.

ANACRÉON.

Bien! l'avocat maintenant... je vous demande si un homme seul peut y suffire... c'est égal, je vais lui dire deux mots... toi, pendant ce temps-là, cours chez Babin, et reviens me prendre ici, avec ma boîte de pistolets...

ISIDORE.

Oui, monsieur.

ANACRÉON.

Va faire ta tête, va faire ta tête. (Il le pousse dehors; maître Blondel entre par le fond.)

SCENE XIII.

ANACRÉON BLONDEL.

ANACRÉON.

Soyez le bien venu, maître Blondel, voulez-vous fumer un cigare?

BLONDEL.

Il s'agit bien de cela, mon cher client, vous avez donc oublié que c'était aujourd'hui que se jugeait votre procès? pourquoi donc n'avez-vous pas paru?

ANACRÉON.

Chacun a sa clientelle, mon cher avocat... mais voyons, où en sommes-nous? est-ce que le bonhomme de mari voudrait entrer en arrangement?

BLONDEL.

L'audience a été interrompue deux heures, et je suis accouru, car je crains bien qu'on ne vous déclare coupable.

ANACRÉON, content.

Bah!

BLONDEL.

Un moyen nous reste... c'est de faire remettre à huitaine, et, d'ici là, nous pourrons peut-être parvenir à établir votre alibi.

ANACRÉON.

Mais serait-ce bien délicat?..

BLONDEL.

Vous n'avez pas avoué.

ANACRÉON.

Je n'ai pas avoué... positivement... je ne le devais pas... pour elle... mais enfin, je la suivais partout, au bal, à l'Opéra... au bois... le concierge de la maison sait bien que c'est toujours madame Delamarre que je demandais en montant; et il est probable que je ne passais pas des deux heures de visite sur l'escalier.

BLONDEL.

Laissez-moi rappeler les faits, et examiner la catastrophe qui vous a conduit sur le banc des accusés... Un beau jour...

ANACRÉON.

D'abord, c'était un beau soir.

BLONDEL.

N'importe... M. Delamarre, le mari en question...

ANACRÉON.

Oui, ma partie adverse.

BLONDEL.

M. Delamarre rentre chez lui plus tôt qu'à l'ordinaire... à huit heures.

ANACRÉON.

A huit heures trente-cinq minutes, je m'en souviens.

BLONDEL.

Un jeune homme était dans l'appartement de madame...

ANACRÉON.

Et pas dans le salon, ni dans la salle à manger... ni même dans l'anti-chambre... ainsi, je vous demande où il était...

BLONDEL.

Le jeune homme se sauve, on ne sait par où...

ANACRÉON.

Et l'on m'arrête, moi, sur l'escalier... si vrai que le moderne Georges Dandin voulait me précipiter par-dessus la rampe.

BLONDEL.

Eh bien, savez-vous ce que m'a dit une femme de chambre de madame Delamarre?

ANACRÉON, vivement.

La femme de chambre aurait jasé?..

BLONDEL.

C'est une circonstance qui milite tout-à-fait en votre faveur... elle m'a donné à entendre que ce n'était pas vous qui étiez chez sa maîtresse.

ANACRÉON.

Cette bonne Fanny ! (à part.) Petite jacasse, de quoi se mêle-t-elle ?

BLONDEL.

Elle n'est même pas éloignée de croire que c'était M. Hector, votre ami.

ANACRÉON.

Hector !.. erreur... (à part.) Je m'en étais toujours douté.

BLONDEL.

Parlez-moi franchement, mon cher client... était-ce bien vous ?

ANACRÉON (Il regarde si on écoute.)

Tout ce que je peux vous dire, dans le silence du cabinet... c'est que je suis un grand coupable... mais compromettre une femme mariée... Jamais !...

BLONDEL.

Au moins, venez avec moi au Palais...

ANACRÉON.

Impossible, praticien, impossible...

BLONDEL.

Air : A soixante ans, on ne doit pas remettre.

Venez-y donc, il faut que ça finisse...

ANACRÉON.

Non, ce serait de la témérité...
Vous savez bien qu'il faut dire, en justice,
La vérité, toute la vérité !
La vérité, rien que la vérité...
Je vois rougir les juges, sous leur toge,
Au long récit de mes folles erreurs,
Et commander le huis-clos aux plaideurs...
Ah ! si jamais, monsieur, l'on m'interroge,
Je me tairai par respect pour les mœurs !

BLONDEL.

Mais enfin ?..

ANACRÉON.

Pour aujourd'hui, vous dis-je, pas moyen... Je me coupe la gorge ailleurs... on ne peut pas être partout...

SCÈNE XIV.

LES MÊMES, ISIDORE, entrant par le fond ; il a de gros favoris et le costume chargé d'un ancien militaire. Il porte d'une main une énorme canne et de l'autre une boîte de pistolets.

ISIDORE, en entrant.

Hum ! hum !...

ANACRÉON.

Tenez, pardieu ! voilà mon témoin... (bas à Isidore.) Oh ! que tu es bien ! que tu es bien !.. tu m'as fait peur... vrai... je vas te chercher un nom.

BLONDEL, examinant Isidore.

Monsieur a servi ?

ISIDORE, retroussant sa moustache.

Oui, Monsieur, long-temps.

ANACRÉON.

Il peut même dire qu'il sert encore... Monsieur est le lieutenant général comte de Garenflot... Je suis à vos ordres, lieutenant général... (Pendant ce qui suit, il ôte sa casquette, sa robe de chambre et passe une redingote qu'il boutonne jusqu'en haut.)

BLONDEL.

Mais... le tribunal ?

ANACRÉON.

Arrangez ça comme pour vous, maître Blondel... et si je suis condamné... c'est égal... je vous donnerai cinq cents francs pour la peine...

BLONDEL.

Il est fou !

ANACRÉON, à Isidore.

Nous, général... courons où l'honneur nous appelle !..

ENSEMBLE.

Air : A l'instant je veux sortir de ces lieux. (De l'Étudiant. et la grande Dame.)

Chacun son état,
Mon cher avocat,
Faites de l'éloquence...
Pendant ce temps-là, j'vas m'évertuer,
Pour me faire tuer.

<table>
<tr><td>

BLONDEL.

La beau résultat
Pour un avocat !
Je prendrai sa défense,
Tandis que monsieur va s'évertuer
Pour se faire tuer !

</td><td>

ISIDORE.

Chacun son état,
Monsieur l'avocat,
Allez à l'audience
Tandis que monsieur va s'évertuer
Pour se faire tuer !

</td></tr>
</table>

ANACRÉON à Isidore qui fait de grandes salutations et veut le laisser passer.

Passez, lieutenant général... passez, comte de Garenflot. (Isidore passe.) Bien des choses de ma part à madame Blondel.

(Ils sortent tous les trois, la musique a continué jusque-là.)

SCENE XV.

EMMA, paraissant par le côté, au moment où les autres sortent au fond.

Personne... il m'avait semblé pourtant... A-t-on idée de cela... le concierge de M. Hector qui me suit jusqu'au second étage... et toutes ces bonnes rangées sur l'escalier pour me voir passer...

SCENE XVI.

EMMA, HECTOR, accourant.

HECTOR.

Emma... enfin, c'est vous...

EMMA.

Ah ! je commençais à être inquiète.

HECTOR, à part.

Bon, mon ami Anacréon est allé se promener, comme il me l'avait promis.

EMMA, encore troublée.

Si vous saviez... j'ai eu bien peur de ne pouvoir venir... on m'avait enfermée... et puis, il m'a été impossible de retrouver votre lettre.

HECTOR.

Bientôt, j'espère, nous n'aurons plus rien à redouter... en ma qualité de maître clerc, j'ai rédigé la minute de notre contrat de mariage, et avec l'aide du patron, nous forcerons bien monsieur Bataillard à en venir aux comptes de tutelle.

EMMA, jetant les yeux de tous côtés.

Nous serons bien logés, ici, Hector... c'est gentil...

HECTOR.

Oui, ce n'est pas mal arrangé.

EMMA.

Seulement, monsieur, il y a beaucoup de portraits de femmes...

HECTOR, embarrassé.

Oh ! oh !

EMMA.

On dirait vraiment une édition complète des beautés de lord Byron... (Apercevant la tabatière.) Ah ! c'est bien heureux que mon portrait figure aussi dans la collection.   HECTOR, s'oubliant.

Comment ! votre portrait ici ?...

EMMA.

Sur votre tabatière... (souriant.) et cependant je vous avais bien défendu....   HECTOR, prenant la boîte.

C'est pourtant vrai... et d'une ressemblance !... Ah ! le malheureux !. mais comment a-t-il pu faire pour se le procurer ?...

EMMA.

Qui ça, lui ?

HECTOR.

C'est qu'on n'a jamais vu une pareille fatuité !.. enfin, cependant, voyez un peu, si on était jaloux... on pourrait croire que c'est vous qui le lui avez donné.   EMMA.

Lui ? toujours lui ?... je ne vous comprends pas...

HECTOR,

Un sot... un fat... mon incorrigible ami... qui, sachant que vous deviez venir chez lui, aura oublié tout exprès...

EMMA.

Comment, chez lui ! nous ne sommes donc pas chez vous ?

HECTOR.

Puisqu'il faut vous le dire, nous sommes chez monsieur Anacréon... craignant de vous compromettre, j'avais cru pouvoir compter sur son amitié, sur sa discrétion... mais il m'insulte, en ayant l'air de me rendre service, et il m'en rendra raison !...

EMMA.

Le fait est que c'est d'une impertinence !.. (On entend, en dehors, deux coups de pistolets.) (Effrayée.) Ah ! mon dieu ! quel est ce bruit ?

HECTOR, qui a ouvert vivement la fenêtre.

Eh ! mais, je ne me trompe pas... c'est lui... lui qui se bat !.. et avec qui ?.. je vous le donne en mille à deviner... avec monsieur Bataillard !

EMMA.

Il se pourrait ?..

HECTOR.

Tenez, regardez plutôt... Ah ! mon dieu, on dirait qu'Anacréon chancelle... Il tombe dans les bras d'un vieux militaire... Ah ! les voilà qui s'éloignent.(Il referme la fenêtre et ils redescendent tous deux sur le devant de la scène.)

EMMA.

Ce pauvre homme ! après tout, s'il lui était arrivé malheur...

HECTOR.

Ah ça, mais comment ces deux êtres-là ont-ils pu se rencontrer ?.. n'importe, commençons par lui porter secours... (Il va pour sortir,)

ANACRÉON, en dehors.

Autant de tués que de blessés, il n'y a personne de mort !

HECTOR, s'arrêtant.

Eh ! mais, c'est lui... je l'entends... il paraît qu'il est ressuscité.

EMMA.

Oh ! alors, c'est bien différent... Monsieur Anacréon n'a qu'à bien se tenir...

Air : Ah ! mon dieu ! quel malheur ! (de la femme de l'Avoué.)

Nous pouvons, cher Hector,
Tous deux songer à la vengeance,
Car, puisqu'il vit encor,
Il est tout-à-fait dans son tort.
Je veux l'attendre ici...

HECTOR.

Y pensez-vous ? quelle imprudence !
Son adversaire aussi,
Sans doute, revient avec lui...

(La musique continue.)

EMMA.

Oh ! mon dieu, vous avez raison... si mon tuteur me voyait ici, tout serait perdu... cet escalier dérobé... (Elle va pour sortir par la gauche.) Étourdie ! j'ai fermé la porte...   **HECTOR.**

Vite, vite... entrez dans ce boudoir... soyez tranquille... je trouverai bientôt un moyen pour vous délivrer, et nous venger du bel Anacréon...

ENSEMBLE.

Reprise de l'air.

HECTOR.	EMMA.
Entrez dans ce boudoir,	Entrons dans ce boudoir,
Il faut agir avec prudence,	Il faut agir avec prudence,
Car s'il allait vous voir,	Car s'il allait me voir,
Nous aurions perdu tout espoir.	Nous aurions perdu tout espoir.
Vous exposer ainsi !...	Ah ! m'exposer ainsi !...
Pour réparer mon imprudence,	Pour réparer votre imprudence,
J'espère, Dieu merci,	N'allez pas, mon ami,
Ne pas vous oublier ici.	Trop long-temps m'oublier ici.

(Emma entre dans le boudoir à droite ; Hector se retire vers le fond, laisse entrer Anacréon et Isidore qui ne le voient pas, et sort ensuite en menaçant du doigt.)

SCENE XVII.

ANACRÉON, ISIDORE.

(Anacréon a le dos tout couvert de poussière et le bras droit en écharpe.)

ANACRÉON, à Isidore qui pose la boîte de pistolets sur le guéridon :

Lieutenant général, un coup de brosse.

ISIDORE, le brossant.

Ah ! monsieur... vous nous aviez fourrés là dans une vilaine affaire...

ANACRÉON.

As-tu vu ce gros lâche qui refuse une explication !.. il a tiré en l'air, le misérable... par maladresse... et moi j'ai profité de ça pour tomber raide sur la place... c'est là que j'ai mordu la poussière... par le dos... brosse donc, brosse donc, comte de Garenflot. (Isidore le brosse, il sort de son habit un nuage de poussière.) Là-dessus, mon meurtrier, me croyant mort, s'est sauvé comme un voleur...

Air : Fesons la paix.

> Oui, je suis mort,
> Je suis bien mort...
> Par là sa rage est assouvie ;
> En l'abandonnant au remord,
> Ma ruse me sauve la vie...
> Oui, je suis mort,
> Je suis bien mort,
> Oui, tu le vois, je suis bien mort.

> Oui, je suis mort,
> Je suis bien mort,
> Et mon ombre, à la nuit obscure,
> Peut aller dire à ce butor,
> En lui tirant sa couverture :
> « Oui, je suis mort,
> « Je suis bien mort,
> « Gros assassin ! je suis bien mort !... »

(à Isidore.) Brosse toujours, vieux guerrier... tu as eu une bonne idée de me mettre le bras en écharpe... ça n'a pas fait mauvais effet dans la maison... là, là... assez... tu me brosses le menton, à présent... Tu vas me blesser, toi !.. (A lui-même.) avec tout ça, je pouvais être occis !.. très bien... et pour les beaux yeux de qui ?.. je me le demande...

ISIDORE, qui s'est rapproché pour écouter, en ôtant ses favoris et ses moustaches.

Hein ?   ANACRÉON.

Ne m'écoute pas, ne m'écoute pas... je me fais des petites confidences... (Il s'éloigne d'Isidore.) Car enfin, tout ça me suffit... je veux bien encore... mais enfin, il m'en arriverait une... une, pour tout de bon... que ça me suffirait encore davantage... Je ne suis pas bien exigeant... une !..là bagatelle d'une... (On frappe légèrement à la porte.) (Surpris.) Isidore ?... as-tu entendu ?..   LISA, en dehors, avec une petite voix.

Peut-on entrer ?....   ANACRÉON.

Oh ! pour le coup, c'en est une !... (Vivement, à Isidore.) Général, à la cuisine.   ISIDORE.

C'est que je cherche mes favoris.

ANACRÉON.

Allons, allons, à c'te niche !

ISIDORE.

Et mes moustaches, que j'oubliais. (Il a pris sur le guéridon ses moustaches et ses favoris. On frappe encore au fond.)

ANACRÉON.

Mais va donc, étourneau, tu n'entends pas que c'est une femme ! (A lui-même) Ah ! remettons mon bras en écharpe... le gauche, c'est moins gênant. (Il met vivement son bras gauche en écharpe, et dit d'une voix mielleuse :) Entrez. (A part.) A la fin, en voilà donc une !

SCENE XVIII.

ANACRÉON, LISA, TROIS GRISETTES.

CHOEUR.

Air de la Bohémienne. (Grisar.)

> Au rendez-vous nous accourons ;
> Ah ! pour nous quelle fête !

En tête à tête,
Et sans façons,
Ensemble déjeûnons.

ANACRÉON (à lui-même.)
Comment ! quatre !... au lieu d'une !...
Quelle bonne fortune !

LISA.
Vous voyez, sans rancune.

ANACRÉON.
Oui, je vois, c'est très bien.
(Aux Grisettes.)   Entrez, entrez, mesdames.
(A part.)   Pour moi seul quatre femmes !
C'est beaucoup, quatre femmes...
Mais ça vaut mieux que rien.

LISA ET LES GRISETTES.
Au rendez-vous nous accourons, etc.

ANACRÉON.
Venez, venez, jeunes tendrons ;
Ah ! pour moi quelle fête !
En tête à tête,
Et sans façons,
Ensemble déjeûnons.

LISA.
J'ai reçu votre lettre.

LES TROIS AUTRES GRISETTES, l'une après l'autre.
—J'ai reçu votre lettre.
—J'ai reçu votre lettre.
—J'ai reçu votre lettre.

ANACRÉON, à lui-même.
Il paraît qu'elles se sont toutes crues la plus belle... C'est miroboland !..
(Haut.) Et mademoiselle Lisa aussi qui s'en mêle ; nous ne devions pas re-
venir ; petite boudeuse !..   LISA, minaudant.
Vous voyez que nous sommes sensibles... à une côtelette.

TOUTES.
Très sensibles.

ANACRÉON.
Alors nous allons manger des beafftecks. (Appelant.) Isidore !

ISIDORE, dans la coulisse.
Je me déshabille !

ANACRÉON, à la cantonnade.
Des beafftecks... et des flots de Champagne... (En confidence, aux Grisettes.)
Une dame d'Epernay, qui m'en a envoyé trois paniers...

LISA.
Moi, j'adore ce vin-là, parce que ça mousse et puis que c'est cher.

LES AUTRES GRISETTES.
Et nous aussi, et nous aussi !

LISA.
Comme ça se trouve ! moi qui ai déjeûné avec un œuf dur.

UNE AUTRE GRISETTE.
Moi, avec deux pommes cuites.

UNE AUTRE.
Et moi, avec du raisinet.

ANACRÉON.
Ah! du raisinet... des pommes cuites !.. elles vont m'ôter mes illusions...
(A la cantonnade.) Allons, Isidore, cinq couverts dans ma salle à manger !

LISA, aux autres.
En voilà un, de jobard !.. (A Anacréon, d'un ton de reproche.) Cinq couverts?

ANACRÉON.
Est-ce que ce n'est pas assez... pour un tête à tête ?

LISA, d'un air modeste.
Nous ne sommes que quatre dames... mais nous avons pris la liberté
de vous amener quelques amis...

ANACRÉON.
Hein ?

SCENE XIX.

LES MÊMES, HECTOR, ET LES TROIS CLERCS.

CHOEUR.

Air précédent.

Nous voilà tous
Au rendez-vous ;
Ah ! pour nous quelle fête !
En tête à tête,
Et sans façons,
Ensemble déjeûnons !

ANACRÉON.

Hector !.. et les saute-ruisseaux !.. Je m'en défends, je m'en défends !

HECTOR, gaîment.

Tu vois... sans façons.

ANACRÉON.

Mais dis donc ; vous autres, je ne vous ai pas invités... Me prend-on pour une table d'hôte ?

LISA bas, tendrement.

Ah ! M. Anacréon, je vous en prie... à cause de moi... ça ferait des disputes.   ANACRÉON, de même.

Eh bien oui, là... pour toi... Cachons notre jeu. (Aux autres Grisettes, successivement.) Cachons notre jeu... cachons notre jeu. (Il cause avec elles et leur fait des signes, en ayant l'air de se moquer des clercs.)

HECTOR à part, regardant la porte du cabinet.)

Pauvre Emma !.. quelle doit être son impatience ! (La porte du cabinet s'entr'ouvre et Emma paraît.) Silence... et secondez-nous. (Emma referme la porte.)

ANACRÉON, criant à la cantonnade.

Isidore ! neuf couverts !.. et une rallonge... Ah ben, tant pis !.. Des femmes, du Champagne... quelle orgie !..

REPRISE DU CHOEUR.

Nous voilà tous
Au rendez-vous, etc.

SCENE XX,

LES MÊMES ; ISIDORE. (Il a repris son costume de groom.)

ISIDORE, une lettre à la main.

Monsieur... (Apercevant les Grisettes et s'arrêtant tout court.) Ah ! mon Dieu ! que de femmes !.. Je n'en ai jamais tant vu !..

ANACRÉON.

Eh ben, voyons, quand tu resteras de là... ne dirait-on pas que c'est la première fois....   ISIDORE.

Monsieur, c'est une lettre que le facteur vient d'apporter... trois sous.

ANACRÉON, prenant la lettre d'un air indifférent.

Ah bon ! je sais ce que c'est... je reconnais l'écriture. (A part.) C'est la lettre que je me suis répondue ce matin. (Haut.) Isidore, est-ce qu'on donne ça devant le monde ?   HECTOR.

Mesdemoiselles, je parierais que c'est une lettre de femme !

LES CLERCS ET LES GRISETTES.

Oui, oui !

ANACRÉON.

Mais non... mais non.

LISA, lui arrachant la lettre.

Eh bien ! alors, laissez-nous lire.

ANACRÉON.

Qu'elles sont enfans ! qu'elles sont enfans !

HECTOR, qui a jeté un coup d'œil sur la lettre, bas à Lisa, en riant.

Je crois bien qu'il reconnaît l'écriture... le malheureux s'écrit des billets doux !

ANACRÉON, d'un air enfantin, et comme voulant reprendre la lettre.

Lisa... Lisa !.. donnez-moi donc...

LISA, qui a lu tout bas.

Mesdemoiselles, c'est une horreur !... vous allez voir à quel monstre

d'homme nous avons affaire! (Lisant) « Enfant... tu commences à peine la
« vie, et tu veux aimer... aimer d'amour...

ANACRÉON, faisant l'étonné.

Il y a ça?

LISA, continuant.

« Enfer! damnation!

ANACRÉON.

Il y a encore ça?

LISA, lisant toujours.

« J'ai été maudite!

ANACRÉON.

Maudite femme, va!

LISA, élevant la voix.

Oh! par exemple!.. voilà le plus beau! (Continuant à lire.) « Je serai chez
« vous à deux heures... Si j'étais surprise, je me cacherais dans votre
« boudoir, que je connais si bien. Signé ANGÉLA!!! »

LES GRISETTES ET LES CLERCS, murmurant.

Ah!

ANACRÉON.

Il est inconcevable qu'on se permette de m'écrire des choses pareilles!

LISA.

Ainsi, vous nous trompiez toutes, sans cœur!

PREMIÈRE GRISETTE.

Libertin!

DEUXIÈME GRISETTE.

Coureur!

TROISIÈME GRISETTE.

Mauvais sujet!

ANACRÉON.

Mais non, mais non... et puis c'est d'une indiscrétion!.. mesdemoiselles,
ces choses-là ne se font pas.

LISA ET LES GRISETTES.

Où est-elle? où est-elle, cette Angéla?

HECTOR, près de la porte à droite.

Je suis sûr qu'elle est cachée ici!

ANACRÉON.

Ah! par exemple, vous pouvez bien chercher dans toutes les armoires!
La porte du cabinet s'ouvre en ce moment et Emma paraît; son voile baissé.

SCÈNE XXI.
LES MÊMES, EMMA.

TOUS.

Là!.. vous voyez bien!

ANACRÉON, stupéfait.

Qu'est-ce que c'est encore que celle-là!

CHOEUR.
Air : du serment.

Voilà donc la rivale
Qu'il cachait à $\frac{leurs}{nos}$ yeux!
Quelle audace immorale!
Quelle horreur! c'est affreux!

ANACRÉON, à lui-même.

Comprends pas... mais c'est égal... (Haut.) Isidore, encore un couvert!

EMMA, qui a causé bas avec Hector.

Il n'est plus temps de feindre... monsieur... j'ai tout entendu.

ANACRÉON.

Plaît-il?

EMMA.

Je sais à quoi m'en tenir.

ANACRÉON.

Alors, vous êtes plus heureuse que moi. (A part.) Comment diable se
trouve-t-elle là?

EMMA.

Je vous conseille de faire l'étonné, quand vous venez de montrer ma
lettre à toutes ces demoiselles!

ANACRÉON, appuyant.

Votre lettre?.. De sorte... que... c'est vous... qui m'avez écrit?.. (à lui-même.) Elle est encore plus menteuse que moi!

REPRISE DU CHOEUR.

Voilà donc la rivale ; etc.

(Pendant ce chœur, Lisa et les grisettes pincent Anacréon ; Emma rit à part avec Hector.)

ANACRÉON.

Je vous défends de me pincer!.. ça fait des noirs... et ça peut m'occa-sioner des désagrémens.

HECTOR.

Prenez donc garde, mesdemoiselles, vous ne voyez donc pas qu'il a le bras en écharpe.

TOUS, d'un air de compassion.

Ah!

LISA, s'apitoyant.

Un être si inoffensif!..

ANACRÉON.

Eh bien! quoi... eh bien! quoi?.. parce que je me suis battu pour une femme?

HECTOR, aux autres.

C'est-à-dire pour une tabatière.

ANACRÉON

Vous verrez ça demain dans le journal. (à part.) Je ferai ma petite an-nonce. (haut.) Une rencontre a eu lieu, entre un nommé Bataillard, et le brillant Anacréon... l'un des fidèles du café de Paris et du Jokey's club. Vous verrez ça dans le journal... Monsieur Anacréon avait consenti à ac-cepter pour témoin le lieutenant-général comte de Garenflot... Après avoir essuyé sept fois le feu de son adversaire... il s'apprêtait à tirer à son tour, quand le sieur Bataillard a déclaré que l'honneur était satisfait... (Avec indignation.) le lâche!

SCENE XXII.
LES MÊMES, ISIDORE.

ISIDORE, annonçant.

Monsieur Bataillard !

ANACRÉON, anéanti.

Lui !.. encore lui !..

EMMA, à part.
(Elle va pour rentrer dans le cabinet.)

Ah mon Dieu !

ANACRÉON, la retenant.

N'ayez pas peur, femme voilée... (Il tremble.) ni vous non plus, mesde-moiselles... (D'un ton solennel.) Isidore, tu peux dire à monsieur Bataillard... qu'il ne peut pas entrer!

ISIDORE.

Justement, le voici.

(Emma se tient à l'écart.)

SCENE XXIII.
LES MÊMES, BATAILLARD.

ANACRÉON, à part.

Que me veut encore ce cannibale? je tremble à vingt cinq degrés au-dessous de zéro...

BATAILLARD, s'avançant vers lui, les bras croisés, avec une colère concentrée.

Il paraît, monsieur, que les gens que je tue se portent assez bien?

ANACRÉON, cherchant à se donner de l'assurance.

Mais oui... pas mal, et vous?.. nous allions déjeûner... voulez-vous faire comme nous? (Criant.) Isidore... un couvert pour monsieur Bataillard... ça fera onze... Plus on est de fous, plus on...

BATAILLARD.

C'est inutile!.. en vous voyant tomber, je vous ai cru frappé mortelle-ment... vous m'avez indignement trompé...

ANACRÉON.

Quel atroce jeu de mots!

BATAILLARD.

J'ai pour habitude de terminer ce que j'ai commencé... Je vous ai man-qué...

ANACRÉON, prenant le change.

Vous m'avez manqué!.. faites des excuses, devant ces dames!

BATAILLARD.
Je vous ai manqué... je viens vous achever.

ANACRÉON, élevant la voix.

Et moi je déclare, à mon tour, que l'honneur est satisfait... je déclare qu'un pur hasard a fait tomber sur ma tabatière le portrait de la belle Emma, que je n'ai pas besoin d'aller chercher les femmes des autres... et quoique je ne sois pas dans l'usage de compromettre les personnes qui ont des bontés pour moi... je déclare enfin... puisqu'on m'y force... (à part.) attends, attends, je vas te repincer, toi, la belle inconnue. (haut.) je déclare, dis-je que voilà ma vraie maîtresse.   (Il lève le voile d'Emma.)

BATAILLARD, avec explosion.

Emma!

ANACRÉON, stupéfait.

Que vois-je! le couvercle de ma tabatière!

BATAILLARD.

Il faut que je me venge! ou que je meure d'apoplexie!

ANACRÉON, à part.

Le gros rageur devient pourpre, ma dernière heure est arrivée.

BATAILLARD.

Cette fois-ci, aux fleurets démouchetés! et marchons!

ANACRÉON.

Je ne peux pas, je suis blessé.

BATAILLARD.

Vous n'êtes pas plus blessé que mort!..

ANACRÉON.

Je suis blessé, je le jure!

(Il étend vivement le bras qui était en écharpe, comme pour prêter serment; puis s'apercevant de sa méprise, il remet tout à coup l'autre bras en écharpe. Tout le monde rit.)   BATAILLARD, avec mépris.

Muscadin!

ANACRÉON, jouant la surprise.

Comment, je n'ai rien? (A Isidore.) Pourquoi m'avoir dit que j'étais blessé? Lieutenant-général? c'est une petitesse!

BATAILLARD, reconnaissant Isidore et haussant les épaules.

C'était son domestique! et vous, Emma, vous avez pu vous laisser prendre aux piéges d'un pareil mirliflor?

EMMA.

Mais, monsieur, si vous vouliez m'entendre...

BATAILLARD.

Je sais d'avance tout ce que vous pourriez me dire... mais ce fat ne vous en a pas moins compromise aux yeux du monde...

ANACRÉON, enchanté.

Mais non, mais non...

BATAILLARD, durement.

Taisez-vous!

ANACRÉON, à part.

Quel caractère!

BATAILLARD.

Il vous a compromise, je le répète, et moi, si rigide sur le point d'honneur...   EMMA et HECTOR.

Eh bien?

BATAILLARD.

Eh bien! je ne peux plus vous épouser.

EMMA, joyeuse.

Vraiment?   (Elle parle bas à Hector.)

ANACRÉON, à lui-même.

Un mariage manqué, à cause de moi... c'est ça qui fera de l'effet!..

HECTOR, à Bataillard.

Eh bien! moi, monsieur, je suis plus philosophe, et je me risque... si mademoiselle y consent...

BATAILLARD, très surpris.

Vous, jeune homme?

ANACRÉON, à Hector.

Après ce qui s'est passé, tu as du courage...

BATAILLARD.

Taisez-vous!

ANACRÉON, à lui-même.

Il ne dérage pas, cet être-là !

BATAILLARD, à lui-même.

Je commence à croire qu'elle était venue pour l'autre... (Indiquant Hector.) Raison de plus pour que j'y renonce... (Haut.) Car il est impossible qu'un pareil magot...   (Montrant Anacréon.)

ANACRÉON.

Non, je n'ai pas de femmes, moi... je n'en ai pas ! (Montrant les grisettes.) Demandez à ces demoiselles.

LES CLERCS, le regardant sous le nez.

Hein ?

ANACRÉON.

Eh bien ! non, eh bien ! non ! je n'ai pas de femmes, là... d'ailleurs, j'aime mieux qu'on dise ça... seulement, à l'heure qu'il est, on me juge en cour d'assises... pour fait de conversation criminelle... et je vais être condamné à la réclusion... à la déportation... à l'interdiction des droits civils, et peut-être à ne pas monter ma garde !

TOUS.

Vous ! lui !

ANACRÉON.

Oui, oui, moi ! (Apercevant Blondel.) Tenez, voilà mon avocat qui va vous le dire.

SCÈNE XXIV.

Le Mêmes, BLONDEL.

BLONDEL.

Embrassez-moi, mon cher client !   (Il l'embrasse.)

ANACRÉON.

Parlez, maître Blondel... dites ce qui en est...je ne crains rien.

BLONDEL.

Vous êtes...

ANACRÉON.

Je suis?

BLONDEL.

Vous êtes acquitté !   (Tout le monde rit.)

ANACRÉON, abattu.

Acquitté ! quelle injustice ! J'en suis content pour elle... mais, je le vois bien, on a gagné mes juges !

TOUS, lui riant au nez.

Acquitté ! acquitté !..

ANACRÉON.

J'en rappelle ! j'en rapelle ! et j'en rappelle !

CHOEUR.

Air connu.

Enfant chéri des dames,
Il est, dans tout Paris,
Fort mal avec les femmes,
Bien avec les maris.

ANACRÉON, au public.
Air du Baiser au porteur.

En ma qualité d'homme à femmes,
J'invite ici tout's les bell's de Paris ;
Mais, pour cacher notr' jeu, mesdames,
Ayez bien soin d'amener vos maris,
N'oubliez pas d'amener vos maris.
Nous pourrons nous voir sans obstacle,
Et chaque soir, pour être au rendez-vous,
Prenez des billets de spectacle,
Ah ! ce sera pour moi des billets doux.

REPRISE DU CHOEUR.

FIN.

Imp. J.-R. MEYREL, pass. du Caire, 54.

www.ingramcontent.com/pod-product-compliance
Ingram Content Group UK Ltd.
Pitfield, Milton Keynes, MK11 3LW, UK
UKHW022243070726
13613UKWH00005B/2083